1907 - Juin 19.

VENTE
Du Mercredi 19 Juin 1907
HOTEL DROUOT, SALLE N° 1
A DEUX HEURES

EXPOSITION PUBLIQUE
Le Mardi 18 Juin 1907
DE 1 H. 1/2 A 5 H. 1/2

BON MOBILIER EMPIRE

OU DE STYLE

BRONZES D'ART ET D'AMEUBLEMENT

TABLEAUX ANCIENS ET MODERNES

OBJETS DIVERS — TENTURES

COMMISSAIRE-PRISEUR
Me GEORGES NORMAND
41, rue de la Victoire

EXPERTS
MM. PAULME & B. LASQUIN FILS
10, rue Chauchat | 12, rue Laffitte

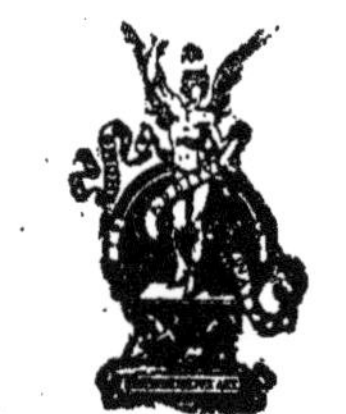

CATALOGUE

D'UN

BON MOBILIER EMPIRE

OU DE STYLE

EN ACAJOU AVEC BRONZES

Comprenant :

Chambres à coucher, Bureaux, Secrétaire, Clavecin, Sièges, etc.

BRONZES D'ART ET D'AMEUBLEMENT

PENDULES, LUSTRES

TABLEAUX ANCIENS ET MODERNES

GRAVURES, DESSINS

Par ou attribués à :

PH. DE CHAMPAIGNE, COTES, DAUBIGNY, HELLEU, LONGHI, M. NAIVEU
J.-R. SMITH, M. VAN LOO, ZIEM

PORCELAINES ANCIENNES

de Sèvres, Vincennes, Saxe, Chantilly, Paris, etc.

ÉVENTAILS, OBJETS DIVERS, IVOIRES, ARMES, ETC.

TENTURES

Dont la vente aura lieu

HOTEL DROUOT, SALLE N° 1

Le Mercredi 19 Juin 1907, à deux heures précises

COMMISSAIRE-PRISEUR
Me GEORGES NORMAND
41, rue de la Victoire

EXPERTS
MM. PAULME & B. LASQUIN FILS
10, rue Chauchat | 12, rue Laffitte

Chez lesquels se distribue le présent Catalogue

EXPOSITION PUBLIQUE

Le Mardi 18 Juin 1907, salle n° 1, de 1 h. 1/2 à 5 h. 1/2

CONDITIONS DE LA VENTE

Elle sera faite au comptant.

Les adjudicataires paieront *dix pour cent* en sus des enchères.

Paris. — Imprimerie de l'Art, Ch. Berger et Cie, 41, rue de la Victoire.

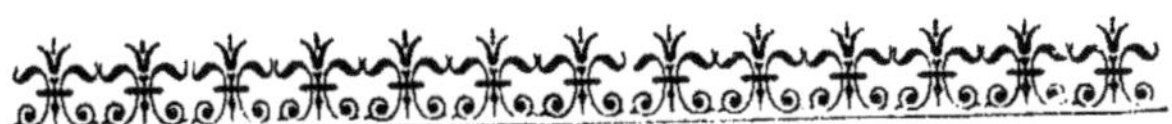

DÉSIGNATION

TABLEAUX

DESSINS, GRAVURES

CHAMPAIGNE (Attribué à PHILIPPE DE)

1 — *Portrait du Maréchal de la Meilleraie.*

Toile.
Cadre ancien en bois sculpté doré.

COTES

2 — *Portrait de Lady Frances Bridges.*

Toile.
A été gravé par J. Watson.

DAUBIGNY

3 — *Le Pré.*

Panneau.
Signé et daté.

DAVID (D'après L.)

4 — *Portrait de Napoléon le Grand.*

Buste grand comme nature.
Gravure.

HELLEU

5 — *La Sieste.*

Dessin aux trois crayons.
Signé.

6 — *Portrait de Jeune Femme.*

Dessin aux trois crayons.
Signé.

ÉCOLE FRANÇAISE

7 — *Portrait de Jeune Femme.*

En buste, coiffée d'un chapeau à plume.
Pastel.

ÉCOLE FRANÇAISE

8 — *Jeune Femme assise dans un parc.*

Pastel.

LONGHI (A.)

9 — *Portrait d'Homme.*

A mi-corps, en costume blanc brodé; fond de paysage.
Toile.

NAIVEU (Mathieu)

10 — *Scène d'intérieur.*

Panneau.
Signé en bas à droite.

REYNOLDS (Miss Frances)

11 — *The Smiling girl.*

Copie exécutée par la sœur du maître dans son atelier.
Toile.

SMITH (J.-R.)

12 — *Portrait de Mrs Billington as Clara.*

Esquisse d'un portrait gravé par le maître.
Toile.

VAN LOO (L.-M.)

13 — *Portrait de Thomas Harris Esq.*

Toile.

ZIEM

14 — *Vue de Venise et du Campanile : Effet de soleil couchant.*

Panneau signé.

PORCELAINES, FAIENCES
VERRERIE

15 — Tasse et soucoupe de forme lobée en ancienne porcelaine tendre de Vincennes ; décor en couleur de bouquets de fleurs.

16 — Deux compotiers à pâte gaufrée, ancienne porcelaine tendre de Sèvres ; décor en couleur de bouquets de fleurs.

17 — Tasse et soucoupe, ancienne porcelaine de Sèvres, pâte tendre ; bouquets de fleurs et filet bleu.

18 — Autre tasse et soucoupe de même porcelaine et décor analogue.

19 — Confiturier formé d'un plateau triangulaire et trois godets, ancienne porcelaine tendre de Sèvres : Bouquets de fleurs (fracturé).

20 — Paire de petits cache-pot à deux anses, porcelaine tendre de Sèvres, décor à feuille de choux en bleu et bouquets de fleurs en couleur.

21 — Tasse couverte et présentoir, porcelaine de Sèvres, pâte tendre à décor de médaillons d'oiseaux en couleur et fond bleu avec dorure.

22 — Tasse cylindrique et soucoupe, porcelaine dure de Sèvres, décor en couleur et dorure, bordure et fleurettes.

23 — Théière cylindrique, porcelaine de Sèvres, décor en couleur et dorure.

24 — Douze couteaux de table à manches d'ancienne porcelaine tendre de Chantilly, décor en couleur.

25 — Deux tasses et soucoupes, ancienne porcelaine de Hœchst ; décor en camaïeu : Médaillons de paysages et sujets à montgolfière.

26 — Deux godets à encre ou à poudre pour écritoire. Ancienne porcelaine de Saxe-Marcollini.

27 — Petit sucrier couvert et présentoir, porcelaine de Saxe-Marcollini : Fleurs et ruban.

28 — Tasse et soucoupe, porcelaine de Saxe à décor de branches fleuries.

29 — Bouillon couvert et présentoir, porcelaine de Saxe à pâte gaufrée : Fleurs et médaillons de paysages en couleur.

30 — Déjeuner tête à tête, en porcelaine de Saxe, fond vert d'eau. Décor de réserves avec amours rehaussé de dorures : il se compose d'un plateau, deux tasses et soucoupe, une cafetière, un pot à lait et un sucrier.

31 — Aiguière et sa cuvette en porcelaine, genre Saxe à fond bleu, décorés de réserves de fleurs, base à godrons.

32 — Assiette en porcelaine de Paris, marque de Dagoty, décorée au centre d'une vue de Schonbrunn, au marli : amours et guirlandes en biscuit et en relief sur fond d'or. Le revers semé d'abeilles en dorure.

33 — Quatre statuettes en porcelaine décorée figurant les quatre saisons.

34 — Deux grandes tasses et présentoirs en porcelaine de Paris de la Restauration. Décor en relief et couleur avec dorure.

35 — Corbeille à fruits Empire, en porcelaine, décorée en bleu et dorure.

36 — Service de table en porcelaine blanche, au chiffre N couronné.

37 — Lampe en faïence de Satzuma, avec monture en bronze. Style chinois.

38 et 39 — Sous ces numéros, qui seront divisés : Porcelaines anciennes et faïences variées.

40 — Service de verrerie en cristal gravé ou doré, au chiffre N couronné.

ÉVENTAILS, OBJETS DIVERS

41 — Eventail de style Louis XV, à monture de nacre sculptée partiellement dorée; feuille de dentelle en point à l'aiguille.

42 — Sous ce numéro, qui sera divisé : Eventails anciens et modernes.

43 — Hanap en argent ciselé, de style Renaissance.

44 — Poire à poudre en ivoire sculpté à jour, avec portrait de François Ier et les armes de France. Style Renaissance.

45 — Quatre boites à jetons en ivoire gravé et teinté en couleur, renfermant des jetons de même matière. XVIIIe siècle.

46 — Baromètre à mercure et thermomètre Empire, en acajou orné de bronzes.

47 — Panoplie d'armes, comprenant une cuirasse, des casques et sabres divers.

48 — Fusil à arbalète d'enfant, avec ses accessoires; le canon porte la marque de *Moreau, arquebusier*. Il est gravé au chiffre du Prince Impérial.

BRONZES D'ART ET D'AMEUBLEMENT

49 — Pendule Empire en acajou, à colonnettes détachées; elle est à cinq cadrans indiquant les heures, jours, quantièmes, mois et phases de la lune.

50 — Pendule Empire en bronze ciselé et doré, forme d'édicule à pilastres ; mouvement à figures de Renommées.

51 — Garniture de cheminée en bronze ciselé, patiné et doré, époque de la Restauration ; elle se compose de : pendule, sujet jeune femme assise dans un fauteuil, tenant une lyre, et de deux candélabres à six lumières chacun, supportées par un amour sur socle carré.

52 — Paire de grandes lampes avec leurs supports en bronze doré. Style Empire.

53 — Paire de bras-appliques Empire, à cinq lumières disposées en couronne, en bronze doré. Disposées pour l'éclairage électrique.

54 — Paire de vases, avec socles ronds, en bronze composition doré. Style Empire.

55 — Deux statuettes en bronze patiné : Bonaparte ou Napoléon.

56 — Deux statuettes en bronze patiné : Femmes assises figurant des Muses. Socles rectangulaires.

57 — Statue équestre de Bonaparte en bronze patiné. Socle en marbre rouge mouluré de bronze; contre-socle en acajou.

58 — Paire de cassolettes à trépied en bronze patiné et bronze doré, sur socles en marbre. Empire.

59 — Paire de chenets en bronze doré à guirlandes de laurier et médaillons de style Louis XVI.

60 — Autre paire de chenets plus petits, motifs analogues aux précédents.

61 — Corbeille Empire en bronze doré, soutenue par trois femmes en bronze patiné, reposant sur un socle rond avec guirlandes et amours en relief, en bronze doré et patiné.

62 — Deux petits flambeaux en bronze patiné : palmettes.

63 — Flambeau à deux lumières et tige porte abat-jour, en bronze, décoré de palmettes et ornements divers.

64 — Paire de flambeaux en bronze, forme carquois, base à palmettes et trophées.

65 — Paire de candélabres à trois lumières, formés de colonnes sur socles, de style antique.

66 — Flambeau bouillotte à trois lumières, en bronze doré et abat-jour en tôle peinte. Style Empire.

67 — Vase de forme Médicis en verre taillé, avec monture en bronze ciselé doré. Epoque de la Restauration.

68 — Vase de forme Médicis, sur socle carré, en bronze ciselé doré, à ornement d'amours et jeune femme, couronnés de feuillages et attributs. Epoque de la Restauration.

69 — La Leçon de lecture, groupe en bronze patiné de Delaplanche, 1873, édité par *Barbedienne*.

70 — Lustre à six lumières en verre de Venise, disposé pour l'éclairage électrique.

71 — Petit lustre à quatre lumières en bronze. Disposé pour l'éclairage électrique.

72 — Lustre Empire, à six lumières formées de têtes d'aigles, bronze patiné et doré.

73 — Grande suspension de salle à manger à trois lampes et vingt-quatre bougies, en bronze. Disposée pour l'éclairage électrique.

SIÈGES

74 — Ameublement de salon ou bureau Empire composé de quatre fauteuils, deux bergères et deux tabourets, dossier cintré à tête de bélier, et pied à sabot de cheval, couvert de soie brochée verte.

75 — Fauteuil à dossier ajouré et accotoirs à balustres, en acajou et appliques en bronze. Fin du XVIIIe siècle.

76 — Deux chaises à dossier ajouré en acajou, garnies de bronzes. Fin du XVIIIe siècle.

77 — Quatre fauteuils en acajou sculpté Empire à dossiers carrés et bras à têtes d'aigles ailées dorées ; couverts de soie crème brochée.

78 — Deux grandes bergères en acajou Empire à dossiers cintrés ornés de têtes de femmes en bois sculpté doré ; garnies de soie jaune brochée.

79 — Fauteuil en palissandre orné de bronze doré, couvert de soie rouge brochée.

80 — Chaise en acajou Empire orné de bronze. Siège tournant.

81 — Autre chaise presque analogue à la précédente.

82 — Deux fauteuils à accotoirs formés de sphynx, deux chaises à dossier ajouré et deux tabourets X en acajou et ornements en bronze doré, garniture de velours brodé.

83 — Fauteuil de bureau en acajou richement orné de motifs appliques en bronze doré. Garniture de velours brodé.

84 — Fauteuil en bois sculpté, partiellement doré, orné de motifs divers, et au milieu de la ceinture du chiffre N. Garniture d'étoffe à semis de rosaces.

85 — Fauteuil et deux chaises en acajou sculpté, partiellement doré; ils sont recouverts d'une étoffe à semis de rosaces.

86 — Deux fauteuils en acajou, ornés de motifs-appliques en bronze.

87 — Petit lit de repos ou méridienne en acajou orné de motifs-appliques en bronze : guirlandes, rosaces, etc.

88 — Quatre chaises à dossier renversé en acajou, ornées d'appliques en bronze.

89 — Chaise de toilette en acajou, à dossier ajouré orné d'une lyre; sur le dessus, compartiments à flacons; garniture de bronzes. Elle est munie d'une cuvette en faïence décorée.

90 — Fauteuil en bois sculpté, à cariatides de femmes et pieds-griffes.

MEUBLES

91 — Secrétaire droit Empire, à colonnes détachées, ouvrant à abattant, tiroir et deux portes en acajou, orné de bronzes avec dessus de marbre.

92 — Meuble Empire, à deux corps, ouvrant à la partie supérieure à deux portes vitrées; au centre, tiroir avec devant mobile formant bureau, et, à la partie inférieure, armoire à deux portes pleines. Acajou et ornementation de bronzes dorés.

93 — Armoire ouvrant à une porte à glace formant secrétaire, à abattant intérieurement, en acajou, richement ornée de bronzes : feuilles, lauriers, bas-reliefs, etc.

94 — Lit Empire en acajou, à dossiers ornés de cygnes; il est richement orné de bronzes : guirlandes, corbeilles, branches de pavots et repose sur des pieds à doubles griffes. Fond de lit, baldaquin et dessus de lit galonnés et frangés.

95 — Table de nuit cylindrique en acajou, formant jardinière avec dessus mobile en marbre blanc. Moulures et rosaces en bronze.

96 — Lit Empire en acajou, forme nacelle, à dossiers se terminant en col de cygnes. Il est orné de motifs-appliques en bronze doré : rosaces et branches de feuillages. Ciel de lit et fond de lit.

97 — Table de nuit cylindrique en acajou, ornée de moulures en bronze.

98 — Console rectangulaire Empire, à colonnes et pilastres, en acajou et ornementation de bronzes. Dessus de marbre.

99 — Grand bureau plat en acajou et quatre pieds-gaines à têtes de femme et pieds à griffes. Il est orné de bronzes ciselés et dorés.

100 — Bureau à cylindre en acajou, orné de bronze, avec dessus de marbre. Epoque Empire.

101 — Clavecin, en forme de harpe, en acajou, orné de bronze et soie jaune brochée. Style Empire.

102 — Paire de supports à trépied en acajou orné de têtes de femmes et pieds-griffes. Dessus de marbre blanc.

103 — Petit guéridon rond en acajou.

104 — Guéridon rond en bronze patiné. Dessus de marbre noir et blanc. Epoque de la Restauration.

105 — Table-toilette en acajou orné de bronze, avec dessus de marbre et miroir ovale mobile.

106 — Meuble à raser en acajou, à fond de glace; le dessus ouvre à deux volets, avec glace à crémaillère. Sur la face, deux tiroirs et une porte.

107 — Écran en bois d'acajou, Empire, orné de bronzes dorés, avec feuille en tapisserie au point.

108 — Grande bibliothèque à deux corps, ouvrant à quatre portes vitrées, tiroirs et portes pleines en acajou ; ornementation en bronze ciselé et doré : chapiteaux, rosaces et motifs divers.

109 — Table-bouillotte en acajou, ornée de bronzes, palmettes, moulures, etc.

110 — Armoire à glace à deux colonnes d'angle, avec porte-lumière et pieds à consoles ; couronnement à volutes. Acajou et ornements appliqués en bronze doré.

111 — Meuble d'entre-deux ouvrant à deux portes, avec tiroir à l'anglaise à l'intérieur, en acajou, colonnes détachées aux angles, garniture de bronzes et dessus de marbre.

112 — Petit meuble vide-poche, avec miroir en acajou, garni de bronzes dorés.

113 — Petit meuble-vitrine à deux corps en acajou, orné de bronzes; la partie supérieure vitrée entre deux montants en gaines.

114 — Meuble-toilette ouvrant à tiroirs avec dessus, s'ouvrant en deux parties recouvrant les accessoires. Il est muni d'un miroir cintré, cantonné de consoles et bras porte-lumières, garniture de bronzes.

115 — Deux pieds de guéridon formant socles-supports, en acajou avec bronzes.

116 — Revêtement de cheminée en acajou, avec gaines-appliques à têtes de femmes et pieds à griffes, garniture de bronzes.

117 — Glace en acajou à encadrement de pilastres, avec chapiteaux et ornements divers en bronze.

118 — Glace-psyché Empire, en acajou, ornée de bronzes. Elle est mobile entre deux montants-gaines à têtes de femmes et pieds à griffes.

119 — Psyché en acajou, mobile entre colonnes couronnées de vases. Riche garniture de bronzes : carquois, rinceaux, palmettes, etc.

120 — Table à ouvrage, forme vase, en acajou, portée par une figurine en bois sculpté partiellement doré, elle est munie intérieurement de petits tiroirs.

121 — Petit modèle de lit Empire en acajou, orné de bronzes.

RIDEAUX, TAPISSERIES

122 — Deux paires de rideaux en satin et deux cantonnières en satin broché en couleurs, rinceaux de fleurs et ornements divers. Commencement du XIXe siècle.

123 — Deux paires de rideaux en ancienne tapisserie-verdure.

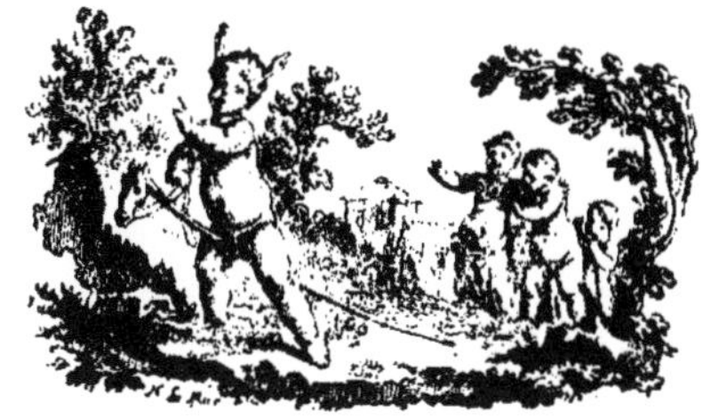

www.ingramcontent.com/pod-product-compliance
Ingram Content Group UK Ltd.
Pitfield, Milton Keynes, MK11 3LW, UK
UKHW022150260726
13993UKWH00005B/2275

9 782329 548036